Hund
Horoskop
2024

Angeline A. Rubi und Alina A. Rubi

Einführung

Der chinesische Kalender ist uralt und komplex und wurde nie vereinfacht. Viele Kulturen haben den Mondkalender durch den Sonnenkalender ersetzt.

Der chinesische, islamische und hebräische Kalender richten sich nach den Mondphasen. Es ist ein kompliziertes System, da sie nicht nur von Mondzyklen bestimmt werden, sondern auch den Sonnenzyklus, den Jupiter- und den Saturnzyklus einbeziehen.

Die Chinesen sind der Ansicht, dass die universelle Energie durch ein Gleichgewicht bestimmt wird. Das Konzept von Yin und Yang ist der wichtigste Bestandteil dieses Gleichgewichts. Yin ist das Gegenteil von Yang und umgekehrt, aber zusammen ergeben sie ein völliges Gleichgewicht. Diese Energie findet sich in allem, was existiert, im Greifbaren und im Ungreifbaren.

Das Ying/Yang-Symbol ist in zwei Hälften geteilt, eine ist schwarz (Yin) und die andere weiß (Yang). Beide Teile sind in der Mitte durch eine Ellipse verbunden, die sie zu einer Kurve zusammenfügt. Ihre Farben, schwarz und weiß, bedeuten, dass es eine Dualität gibt, und dass die Existenz des einen unbestreitbar die Existenz des anderen voraussetzt. Im Inneren des Yin befindet sich ein Yang-Kreis, der symbolisiert, dass Dunkelheit immer Licht erfordert. Innerhalb des Yang finden wir einen Yin-Kreis, der anzeigt, dass wir innerhalb des Lichts immer Dunkelheit finden werden.

Die Ellipse, die sie miteinander verbindet, bedeutet, dass alles fließt, sich wandelt und entwickelt. Wenn eine dieser beiden Energien, Yin oder Yang, im Ungleichgewicht ist, ist unser Leben nicht ausgewogen, denn gemeinsam stärken sie sich gegenseitig. Wir sollten nie denken, dass eine Energie der anderen überlegen ist, beide müssen gleichberechtigt zusammenwirken.

Leider gibt es in unserer Gesellschaft die Tendenz, die Yang-Energie zu bevorzugen, weil wir denken, dass ihre Eigenschaften die wichtigsten sind. Dadurch schaffen wir eine Trennung zwischen der spirituellen und der materiellen Ebene, denn indem wir den Wert der Yin-Energie herabsetzen, sind wir weniger nachdenklich und denken, dass Anfälligkeit etwas Negatives ist, weil sie Zerbrechlichkeit impliziert.

Das Gleiche geschieht mit der Dunkelheit, wir meiden sie nicht nur, sondern haben Angst vor ihr. Beide Energien sind wichtig. Wir können nur dann spirituelle Wesen sein, wenn es ein Gleichgewicht zwischen Yin und Yang gibt, denn wir sind nicht nur Licht, sondern auch Dunkelheit. Es ist ein Fehler, das Starke, die Aktion, zu schätzen und zu privilegieren. Wir müssen das Weibliche und die Sensibilität schätzen und wertschätzen, denn nur so können wir das wahre Gleichgewicht unseres Wesens erreichen, aus einer Position der Liebe und der Festigkeit.

In den Zeichen des chinesischen Tierkreises sind die Yin- und Yang-Energie vorhanden, und sie sind es, die die Eigenschaften jedes Tieres und die mit ihnen verbundenen Elemente bestimmen.

Die Yin-Energie ist mit dem Dunklen, Kalten, Weiblichen, Abstrakten, der Tiefe und dem Mond verbunden. Yin-Zeichen sind nachdenklich, sensibel und neugierig. Sie sind der Ochse, der Hase, die Schlange, die Ziege, der Hahn und das Schwein.

Die Yang-Energie ist mit Licht, Wärme, Oberflächlichkeit, der Sonne und logischem Denken verbunden. Es sind impulsive und materialistische Zeichen. Sie sind: Ratte, Tiger, Drache, Pferd, Affe und Hund.

Die Yin- und Yang-Energien sind mit den Elementen verbunden, die sich wiederum aus den

Jahren ableiten, in denen sie auftreten. Jedes Element verfügt über Yin- und Yang-Energie.

- Die Jahre, die mit der Zahl **0** enden, haben das Element Metall und sind mit der Yang-Energie verbunden.

- Die Jahre, die mit der Zahl **1** enden, haben das Element Metall und sind mit der Yin-Energie verbunden.

- Jahre, die auf die Zahl **2** enden, haben das Element Wasser und sind mit der Yang-Energie verbunden.

- Jahre, die auf die Zahl **3** enden, haben das Element Wasser und sind mit der Yin-Energie verbunden.

- Die Jahre, die mit der Zahl **4** enden, haben das Element Holz und sind mit der Yang-Energie verbunden.

- Jahre, die auf die Zahl **5** enden, haben das Element Holz und sind mit der Yin-Energie verbunden.
- Die Jahre, die mit der Zahl **6** enden, haben das Element Feuer und sind mit der Yang-Energie verbunden.

- Die Jahre, die mit der Zahl **7** enden, haben das Element Feuer und sind mit der Yin-Energie verbunden.

- Die Jahre, die mit der Zahl 8 enden, haben das Element Erde und sind mit der Yang-Energie verbunden.

- Die Jahre, die mit der Zahl **9** enden, haben das Element Erde und sind mit der Yin-Energie verbunden.

Allgemeine Vorhersagen für das Jahr des Drachen

Am 10. Februar 2024 beginnt das sensationelle Jahr des grünen Holzdrachen, und laut chinesischer Astrologie symbolisiert Grün Leben, Veränderung und Wachstum.

Der zugehörige Planet ist Jupiter, ein Planet, der sehr förderlich ist; wir werden die gesäten Früchte im Jahr 2023 ernten.

Das Jahr des Drachen 2024 wird uns Glück, Wohlstand, Wohlbefinden und Fortschritt bringen. Wir werden viele Möglichkeiten für Wachstum und Transformation haben, aber auch Herausforderungen und Komplikationen, die die Notwendigkeit von Vergebung, Einfühlungsvermögen und friedlichen Entscheidungen betonen.

In den Jahren, in denen das Element Holz ist, belohnt das Leben Menschen, die gesellig und professionell sind. Die Erlangung eines Abschlusses oder Reisen sind einige der Möglichkeiten in diesem Jahr.

Wir werden die Gelegenheit haben, unsere Führungsqualitäten zu entwickeln, es ist ein Jahr des Aufbruchs und der Schaffung von Strukturen, die langfristig Bestand haben.

Dieses Jahr des Drachen ist günstig für Veränderungen und Wachstum, da die Energie des hölzernen Drachens die Fähigkeit besitzt, neue Ideen zu inspirieren und unsere Fantasie zu beflügeln.

Wir werden einige Etappen erleben, die voller Schwierigkeiten sein werden, aber das sind die Momente, in denen wir die Energie des Drachens nutzen müssen, um erfolgreich zu sein und die Herausforderungen zu überwinden.

Vergessen Sie im Laufe des Jahres nicht, dass der Drache den Wandel und die Anpassungsfähigkeit verkörpert, Eigenschaften, die uns helfen werden, zu wachsen und uns zu erneuern.

Das Jahr 2024 wird ein ereignisreiches Jahr mit vielen Entwicklungsmöglichkeiten sein. Wir werden viele politische, wirtschaftliche, Beziehungs- und Umweltkonflikte erleben, die deutlich machen, dass friedliche Lösungen die Antwort auf jedes Problem sind.

Dieses Jahr wird uns anregen, neue Geschäfte zu machen und uns in der unternehmerischen Welt weiterzuentwickeln, denn die Energie des Drachen und seine Eigenschaften, mutig und ehrgeizig zu sein, werden uns inspirieren.

 Wir werden viele Anpassungsfähigkeiten entwickeln, und Geduld und Ausdauer werden es uns ermöglichen, alle Widrigkeiten zu überwinden und zum Erfolg zu gelangen.

Dies ist auch ein günstiges Jahr, um an unserem geistigen Wachstum zu arbeiten; es ist sehr wichtig, dass wir uns auf unsere Ziele konzentrieren.

Zusammenfassend lässt sich sagen, dass es ein Jahr mit positiven Veränderungen und bedeutenden Fortschritten in unserem Leben sein wird, in dem wir die Möglichkeit haben werden, Liebe zu finden, eine Beziehung zu stärken und wirtschaftlichen und geistigen Wohlstand zu haben.

Ursprung des chinesischen Horoskops

Das chinesische Horoskop hat eine mehr als 5000 Jahre alte Tradition und basiert auf dem Mondjahr.

Der Legende nach rief Buddha alle Tiere, doch nur zwölf folgten seiner Aufforderung in folgender Reihenfolge: die Ratte, der Ochse, der Tiger, das Kaninchen, der Drache, die Schlange, das Pferd, die Ziege, der Affe, der Hahn, der Hund und das Schwein.

Jedes Tier erhielt ein Jahr geschenkt und bildet den Zwölfjahreszyklus, der in der chinesischen Astrologie verwendet wird. Daher hat jedes Zeichen den Namen eines Tieres, und jedem Tier entspricht ein Jahr.

Jedem Tier wurde außerdem eines der fünf Elemente zugeordnet, die den planetarischen Energien entsprechen:

- Wasser (Planet Merkur)
- Metall (Planet Venus)
- Feuer (Planet Mars)
- Holz (Planet Jupiter)
- Erde (Planet Saturn)

Das chinesische Horoskop drückt die Analogie der kosmischen Energien mit jedem Individuum aus. Aus diesem Grund wird die Energie jeder Person durch eines der zwölf Tiere repräsentiert, die dieses Tierkreiszeichen-System bilden.

Jedes Tier und die Energie, die Ihnen entspricht, werden durch Ihr Geburtsdatum bestimmt. Diese Energien bestimmen dein Verhalten und wie du

die Welt wahrnimmst. Für die Chinesen
symbolisieren diese Zeichen die
bemerkenswertesten Eigenheiten unseres
Charakters. Um die Bedeutung der Tiere richtig
zu verstehen, müssen wir sie als spirituelle
Symbole sehen.

Das chinesische Horoskop basiert nicht auf dem
Sonnenzyklus, auf dem das westliche Horoskop
basiert. Es basiert auf den Zyklen des Mondes.
Jedes Mondjahr hat zwölf neue Monde und alle
zwölf Jahre einen dreizehnten, daher fällt ein
neues Jahr nie mit dem Datum des Vorjahres
zusammen.

Die zwölf Tiere des chinesischen Horoskops
beeinflussen das Leben, das Glück und den
Willen eines jeden Menschen. Diese Qualitäten
zeigen sich nicht offen im täglichen Leben, aber
sie sind immer präsent und wirken in Form von
verborgenen Kräften.

Die chinesische Zwölfjahresperiode ist mit
dem Transit des Planeten Jupiter verbunden, und

jedes chinesische Mondjahr entspricht in der
westlichen Astrologie fast der Dauer des Transits
von Jupiter durch ein Tierkreiszeichen. Jupiter
befindet sich in der westlichen Astrologie immer
in dem Zeichen, das traditionell dem Tier im
chinesischen Horoskop entspricht.

Ihr Aszendent nach dem chinesischen Horoskop.

Zusammen mit Ihrem chinesischen Horoskop Zeichen haben Sie auch einen Aszendenten, der durch Ihre Geburtszeit bestimmt wird. Dieses Tier hat einen starken Einfluss auf das Bild, das Sie auf andere projizieren, und auf die Ereignisse in Ihrem Leben. Sie sollten auch das Horoskop für das Tier lesen, das Ihren Aszendenten repräsentiert.

Dieses Zeichen des Aszendenten symbolisiert die Energie, die Sie entwickeln können, und die Eigenschaften, die Sie sich mit Mühe aneignen können. Das ist der Grund, warum wir manchmal andere Eigenschaften haben als die, die mit unserem Zeichen verbunden sind.

Im chinesischen Horoskop ist es sehr einfach, Ihren Aszendenten zu bestimmen, die einzige Angabe, die Sie benötigen, ist Ihre Geburtszeit.

Geburtszeitpunkt Tier-Aszendent

23.00 Uhr bis 12.59 Uhr Rat

1.00 Uhr bis 2.59 Uhr Ochse

3.00 Uhr bis 4.59 Uhr Tiger

5.00 Uhr bis 6.59 Uhr Kaninchen

7.00 Uhr bis 8.59 Uhr Drache

9.00 Uhr bis 10.59 Uhr Schlange

11:00 Uhr bis 12:59 Uhr Pferd

13.00 Uhr bis 14.59 Uhr Ziege

15.00 Uhr bis 16.59 Uhr Affe

17.00 Uhr bis 18.59 Uhr Hahn

19.00 Uhr bis 20.59 Uhr Hund

21.00 Uhr bis 22. 59 p.m. Schwein

Chinesisches Element des Jahres 2024, Holz

Das Element des Jahres 2024 ist Holz. Holz ist ein kreatives Element. Wenn dieses Element aufgrund deines Geburtsjahres auf dich zutrifft, solltest du diese Energien kreativ kanalisieren.

Holz symbolisiert Mitgefühl und Toleranz. Wenn Sie sich diese Energien zunutze machen wollen, ist es wichtig, sich das ganze Jahr über mit natürlichen Pflanzen, Blumen und grünen Gegenständen zu umgeben.

Holz ist ein Element, das mit der Fähigkeit zu projizieren und Entscheidungen zu treffen zusammenhängt, daher wird das Jahr 2024 ein Jahr der Entwicklung, der Evolution und des Aufblühens sein.

Dieses Element hat mit Verdauung, Atmung, Herz und Stoffwechsel zu tun und sorgt in der traditionellen chinesischen Medizin für einen kontinuierlichen Energiefluss. In Bezug auf die Gefühle bedeutet dies, dass wir unsere Emotionen richtig ausdrücken.

Holz wird uns im Jahr 2024 helfen, Bewusstsein und Verständnis für die objektive Realität zu gewinnen. Es wird uns Festigkeit und Einfühlungsvermögen in unseren Beziehungen bringen.

Holz, das mit unserer Persönlichkeit zusammenhängt, wird uns die richtige Dosis an Enthusiasmus, Entschlossenheit und Dynamik bringen, damit wir in der Lage sind, zu handeln und alle Herausforderungen dieses Jahres zu meistern.

Holz ist das Element, das wir in diesem Jahr brauchen, um die notwendigen Entscheidungen treffen zu können, für Veränderungen, die wesentlich sind.

Dank dieses Elements werden wir über die richtigen Strategien und die Fähigkeit verfügen, alle Prozesse zu organisieren und zu kontrollieren, aber wir werden auch flexibel bleiben.

Obwohl dies das Element des Jahres 2024 ist, müssen Sie, wenn Sie ein Unternehmen haben und wollen, dass es floriert und wirtschaftlichen Reichtum hat, die anderen Elemente berücksichtigen.

Im Geschäftsleben ist **das Element Wasser** das wichtigste Element, denn es steht für Überfluss, Reichtum, Macht und die Fähigkeit, sein Geld zu verwalten, anzuhäufen und zu sparen.

Wasser darf nicht stagnieren. Es sollte nicht in einer Vase stehen, wenn das Wasser nicht jeden Tag gewechselt wird, denn wenn es stagniert, wird der Gewinn geschmälert und die Kunden vergrault.

Wasser muss fließen, damit Geld fließen kann. Wenn Sie ein Schwimmbad haben, muss es gereinigt werden, und wenn Sie einen Springbrunnen haben, muss er den Kreislauf von

Ein- und Austritt des Wassers erfüllen. In einem Fischbecken muss es sich bewegen und mit Sauerstoff angereichert werden. In den Leitungen muss es fließen, mindestens einmal am Tag muss man es fließen lassen, indem man den Hahn öffnet.

Jedes Unternehmen muss das Element Wasser in Bewegung halten, sonst kann es keine Waren anhäufen oder sich weiterentwickeln.

Selbst wenn es sich nur um ein kleines Aquarium oder einen Behälter handelt, bei dem das Wasser täglich gewechselt wird.

Das Wasser sollte sich am Eingang des Unternehmens oder im nördlichen oder nordwestlichen Bereich des Unternehmens befinden, wo das Geld aufbewahrt wird oder wo die Verwaltung des Unternehmens stattfindet.

Das Element Feuer sollte in einem Unternehmen im Süden des Gebäudes platziert werden.

Sie kann am Eingang, am Ende oder an den Seiten des Gebäudes angebracht sein. Wenn es sich aber um ein Lebensmittelgeschäft handelt, kann es überall sein.

Feuer symbolisiert Beliebtheit und die Art von Überfluss, die sich nicht anhäuft, daher muss Wasser auf der gegenüberliegenden Seite des Feuers verwendet werden, denn Feuer zieht Kunden an, und Wasser hält den wirtschaftlichen Fluss aufrecht.

Das Element **Erde** ist ursprünglich, denn es ist die Basis, aus der sich alles speist.

Zwei verzierte Gefäße mit Trockenblumen oder ein Steinsockel können das Element Erde symbolisieren.

Die Erde muss in der Konstruktion vorhanden sein, aber auch in der Mitte des Raumes, oder im Südosten gelegen, weil es ist, wo es sich am besten zum Ausdruck bringt. Erde gibt

Sicherheit, muss aber von Feuer im Süden und Wasser im Norden begleitet werden.

Die Erde ist stabil, formbar und das Spiegelbild des gesamten Planeten.

Wenn Sie ein Unternehmen gründen wollen, um zu überleben, genügt es, sich um das Element Erde zu kümmern.

Das Element Metall ist sehr dynamisch und aktiv und bietet vielfältige Möglichkeiten im Geschäftsleben. In der Vergangenheit wurde Metall in China als Gold angesehen.

Das Element Metall steht für Stärke und Macht, Kontinuität, Sicherheit und Reichtum,

Seine Position ist der Westen, und vergessen Sie nicht, dass Metall zusammen mit dem Kristall jede Einstiegs- und Ausstiegsposition eines Unternehmens stärkt.

Das Holzelement ist trotz seiner Zerbrechlichkeit die Grundlage der Konstruktion.

Holz sollte im Osten des Geschäfts platziert werden, aber es ist ratsam, es diametral zum Metall zu platzieren.

Metall im Westen, Holz im Osten, Feuer im Süden, Wasser im Norden und Erde in der Mitte, so dass Ihr Unternehmen immer erfolgreich sein wird.

Die Bedeutung der Elemente im chinesischen Horoskop

Element Metall

Menschen, die in den Jahren geboren sind, die im chinesischen Horoskop auf 0 oder 1 enden, werden dem Metallelement zugeordnet. Metall, das Material, aus dem Schilde und Schwerter hergestellt werden, ist das Element, das Festigkeit und Ehrlichkeit, aber auch Strenge symbolisiert.

Metall ist das Element des Herbstes, der Jahreszeit der Ernte und des Überflusses. Es ist dual wie die Funktionen seines Elements, denn in

Form eines Schwertes verflüssigt es, und als Löffel nährt es. Metall kommt aus der Erde, wird von Feuer beherrscht und verklärt Holz.

Die Persönlichkeit dieser Personen, die dem Metallelement angehören, neigt dazu, stark ambivalent zu sein. Sie kommen am besten zurecht, wenn sie allein sind, denn sie sind niemandem Rechenschaft schuldig.

Sie sind entschlossen, gestalten ihr Schicksal selbst, sind stur, professionell und gleichgültig gegenüber jedem Versuch eines Kompromisses. Ihre Freiheit steht an erster Stelle, und es ist sinnlos, sie unter Druck zu setzen, geschweige denn ihnen zu helfen, denn sie hören auf niemanden und akzeptieren keine Einmischungen und Hindernisse. Sie verlassen sich nur auf sich selbst und lassen sich von niemandem beeindrucken, denn sie sind mächtig und fähig, Großes zu vollbringen.

Für sie gibt es keine Schwierigkeiten, die sie aufhalten können, und selbst wenn eine Situation unhaltbar wird, leisten sie bis zum Ende

Widerstand. Sie sind ehrgeizig und berechnend, sie lieben Geld, Macht und Erfolg und werden keine Mittel scheuen, um ihre Ziele zu erreichen, auch wenn das bedeutet, dass sie Beziehungen zerstören.

Sie eignen sich für Berufe, in denen sie ihr Element zum Ausdruck bringen können: Juweliere, Finanziers, Versicherungen jeglicher Art, Schlosser, Bergleute, Chirurgen, und für alle Bereiche, in denen sie sich von anderen unterscheiden können. Sie können auch in Berufen erfolgreich sein, die mit Holz oder Papier zu tun haben. Berufe, die mit Wasser zu tun haben, sind vorteilhaft, Berufe, die mit Erde zu tun haben, können zu Konflikten führen, und von Berufen, die mit dem Element Feuer zu tun haben, sollten sie sich fernhalten.

Sie sind nicht an Gefühlen interessiert und lassen sich von den Schwierigkeiten anderer nicht beeindrucken, bis hin zur Manipulation, wenn sie sich einen Vorteil verschaffen können. Die Leidtragenden sind vor allem die Menschen des

Holzelements, da es sie mit Frontalangriffen manipuliert und unterdrückt. Die Menschen des Wasserelements hingegen erhalten, da sie empfänglich sind, einen wirksamen Anstoß, der ihnen enorm zugutekommt. Die Einzigen, die sie wirklich beugen können, sind Menschen, die dem Feuerelement angehören, denn sie beherrschen ihre Unempfindlichkeit und Strenge mit einer ansteckenden Emotion.

Körperlich erkennt man einen Menschen des Metallelements an seinem traurigen Blick und der blutarmen Gesichtsfarbe. Sie sind zerbrechlich, anfällig für Stress und können durch Temperaturschwankungen und schlechte Ernährung beeinträchtigt werden. Deshalb sollten sie ihren Appetit anregen, wobei würzige Speisen im Vordergrund stehen sollten.

Die günstigste Jahreszeit für sie ist der Herbst, und in dieser Zeit können sie ihre Potenziale am besten entfalten, was aber nicht bedeutet, dass sie es übertreiben oder stur sein sollten. Er sollte weiße Kleidung tragen und Metalle und weißen Quarz als Amulette verwenden.

Metall ist starr und unnachgiebig und hat keine Angst vor Gefahren. Es ist eine unabhängige Art von Person, die, getrieben von Gier, geht mit Ausdauer, konzentriert sich auf den Erfolg, plant im Voraus, und verabscheut die spontane.

Wenn es einmal einen Weg eingeschlagen hat, ändert es ihn nicht mehr. Trotz ihrer äußeren Unempfindlichkeit strahlen Menschen dieses Elements eine Anziehungskraft aus, die von allen wahrgenommen wird, mit denen sie in Verbindung stehen. Um von ihren Fähigkeiten zu profitieren, müssen sie jedoch lernen, weniger dogmatisch zu sein, da dies ihre Beziehungen beeinträchtigt.

Menschen, die im Metallelement geboren sind, müssen sich erziehen, damit sie ihre Gefühle ausdrücken können. Wenn sie dies nicht tun, werden sie das Gefühl haben, dass ihre Energien vermindert sind.

Element Erde

Menschen, die in den Jahren geboren sind, die auf die Zahlen 8 oder 9 enden, gehören dem Erdelement an. Diesem Element entsprechen die Eigenschaften von Standhaftigkeit, Ausdauer und Fruchtbarkeit. Obwohl die Erde in der chinesischen Astrologie keine eigene Jahreszeit hat, ist sie im Kalender mit den letzten zwei oder drei Wochen der anderen Jahreszeiten verbunden.

Erde ist das Element, das für Stabilität und Greifbarkeit steht, aber bei einem Übermaß verwandelt es die Menschen in vorsichtige, misstrauische und starrköpfige Menschen und schränkt ihre Initiativen und Fantasien ein.

Der Mensch des Erdelements ist geduldig und bescheiden, arbeitet immer mit Beständigkeit, ohne sich einen Augenblick der Freude oder Unordnung zu gönnen. Er wird nie müde und kann ebenso eifrig und materialistisch wie naiv und umsichtig sein. Sein unbestreitbarstes Merkmal ist seine ausgeprägte Entmutigung. Er ist zu ernst, liebt es zu planen und zu lenken, ist entsetzt über Zufälle, und obwohl er intelligent ist und ein außergewöhnliches Gedächtnis hat, stört es ihn, glanzvoll zu erscheinen.

Unermüdlich nachdenklich, ehrgeizig und ängstlich, ist es so ausgesetzt, die Milz aufzuladen, ein Organ, das mit diesem Element verbunden ist und das geschwächt ist, wenn die Person eine scharfe Mentalität hat.

Die Person, die zu diesem Element gehört, zementiert persönliche Beziehungen allmählich, aber für eine lange Zeit erträgt. Es ist sehr hingebungsvoll und Verteidiger in der Liebe, immer bereit, Vertrag und erfüllen ihre Verantwortung, und obwohl es nicht demonstrativ in ihren Gefühlen ist eine Schulter, die immer aufgezählt werden kann, weil es an Ihrer Seite in den Momenten, die Sie brauchen es sein wird.

In ihrer Arbeit sind sie ernsthaft und zurückhaltend, aber auch organisiert und zuverlässig. Sie sind die richtigen Leute, um Geschäfte mit Moral, Sparsamkeit und feuerfester Ehrlichkeit zu führen. Ihr logisches Denken macht sie zu unschlagbaren Vermittlern bei Problemen, die mit ihren eigenen praktischen und günstigen Auswegen dazu beitragen. Sie eignen sich für Berufe, die Geschicklichkeit erfordern, aber keine Initiative erfordern, oder für Führungssituationen.

Obwohl sie wegen ihrer Launenhaftigkeit und Nostalgie und ihrer Unfähigkeit, fröhlich zu sein, nicht leicht zu ertragen ist, verbindet sie sich gut mit dem Metallelement, dem sie Stabilität verleiht, und mit dem Wasser, das sie geschickt zu bändigen und zu lenken weiß.

Es hat normalerweise Konflikte mit dem Holzelement, da es zwar schützt, aber manchmal auch erstickt, und mit dem Feuer, das es sowohl antreibt als auch schwächt.

Das Erdelement ist mit dem Planeten Saturn verbunden. Sie müssen sehr vorsichtig sein mit dem Verzehr von Süßigkeiten, etwas, das Sie lieben, da es mit Ihrem Element verbunden ist. Sie sollten immer die natürliche Süßigkeit wählen und die Verwendung von weißem Zucker begrenzen, da dieser das Kalzium in ihrem Knochensystem zerstört. Sein anderer Schwachpunkt ist das Verdauungssystem, das ihn in der Regel stark bestraft, deshalb sollte er eine leichte und leicht verdauliche Ernährung einhalten. Es wird empfohlen, dass sie den direkten Kontakt mit Mutter Erde suchen, indem sie barfuß im Sand oder auf dem Feld laufen.

Seine Glücksfarbe ist gelb, und sein Quarz ist Topas und Citrin.

Die Erde steht für Wohlstand, Vernünftigkeit, Materialismus und Sicherheit.

Diese Menschen neigen dazu, introspektiv zu sein, was ihnen eine große Fähigkeit zum Denken verleiht. Die Erde ist das Gefäß des Lebens und diese Siegel der unauslöschlichen Form zu denen unter dem Einfluss dieses Elements geboren, da sie stabile Menschen, in denen Sie delegieren können, sind.

Die Erde nährt sich vom Feuer und erzeugt eine große Energie, die Metall erhitzt und schmilzt, Wasser bändigen und von Holz verzehrt werden kann.

Um sich wohlzufühlen, braucht der Mensch des Erdelements materielle Sicherheit, obwohl er fleißig, formal und organisiert ist. Man kann ihnen vorwerfen, dass sie anmaßend sind, aber aufgrund ihrer Verdienste gehen sie langsam auf ihre Ziele zu und erzielen stabile Ergebnisse.

Element Feuer

Menschen, die in den Jahren geboren sind, die auf 6 oder 7 enden, entsprechen dem Feuerelement. Zu diesem Element gehören Leidenschaft, Mut und Führung. Das Feuerelement ist das Element der Sommersaison, in der alles fruchtbar wird und seine Vollendung findet. Es ist mit dem Planeten Mars verbunden, der wohltuend, aber manchmal impulsiv ist. Es ist übermäßig steril und symbolisiert die Person, die sich auszeichnet, aber auch andere schlecht behandelt. Kämpferisch, eitel und reizbar, geht die Person dieses Elements von Wut zu ungezügelter Freude über.

Seit seiner Kindheit hat er eine Führungspersönlichkeit, Ehrgeiz ist in seinem Leben präsent, er liebt Gefahren, Lachen, Begeisterung und Konflikte. Schwierigkeiten entmutigen ihn nicht, sondern spornen ihn an, weiterzumachen, und in diesen Fällen durchläuft er eine heftige Metamorphose.

Diese Menschen sind zum Gewinnen geboren, aber sie wissen nicht, wie sie es zugeben sollen, weil sie es nicht schaffen, sich selbst zu beobachten und ihre Energien zu nutzen. Sie sind großartig im militärischen Bereich, im Sport und als Chefs, da die anderen vor ihrem Charisma untergehen. Sie verstehen es, die Energien des Holzelements zu nutzen, indem sie ihre Genialität in den Dienst ihrer Sache stellen und in den Menschen des Erdelements den lebenswichtigen Mut zum Vorwärtskommen wecken.
Menschen, die dem Wasserelement angehören, neigen dazu, ihre Leidenschaft auszulöschen, und Menschen, die dem Metallelement angehören,

stellen sie mit einer Starrheit auf die Probe, die
ihr Energiefeld auslaugt.

Das am leichtesten geschädigte Organ bei diesen
Menschen ist das Herz, es besteht die
Möglichkeit einer Tachykardie. Darüber hinaus
können sie von Korund Darmprobleme leiden.
Sie sollten Kleidung in hellen Farben tragen,
unter denen Rot überwiegt, und als Amulette
Quarze wie Granate und Hämatit verwenden. Sie
sollten auch Weihrauch und Kerzen verwenden.

Diese charismatischen, leidenschaftlichen
und opportunistischen Menschen kommunizieren
gut und sind handlungsorientiert. Ihr Egoismus
und ihr Wunsch nach Erfolg sind unberechenbar
und sie verlassen sich nur auf ihre eigenen
Ansichten. Sie neigen dazu, Details zu
vernachlässigen, da sie manchmal stur sind und
Ziele anstreben, die intensive Arbeit erfordern.

Menschen, die unter dem Einfluss des
Feuerelements geboren sind, sind positiv, geben
immer ihr Bestes und engagieren sich in allem,
was sie tun, mit Liebe und Willen. Ihre Energien

dienen dazu, diejenigen um sie herum zu unterstützen, denen es daran mangelt.

Das Feuer heizt das Haus, es ermöglicht uns die Zubereitung von Speisen. Dieses Element nährt die Erde durch die Asche, es ernährt sich von trockenem Holz, d.h. Holz, seine Hitze beherrscht das Metall, d.h. es macht es flexibel, und es kann nur von Wasser beherrscht werden.

Eine Führungspersönlichkeit hat immer ein Übermaß an Feuerelementen und neigt dazu, schnelle Entscheidungen zu treffen. Er fühlt sich zu unkonventionellen Ideen hingezogen, hat keine Angst vor Gefahren und ist immer in Bewegung.

Es ist wichtig, dass Sie lernen, emotionale Intelligenz zu besitzen, denn Arroganz kann Ihren Egoismus verstärken und Sie unkontrollierbar machen, besonders wenn Sie auf Hindernisse stoßen.

Dieser selbstzerstörerische Stil ist vor allem bei Jugendlichen ausgeprägt.

Erfolg begleitet die Menschen des Feuerelements, aber sie sollten sehr vorsichtig mit Instabilität und Unruhe sein, die die häufigsten Unzulänglichkeiten der Feuergeborenen sind.

Es ist besser, diese Fehler zu beherrschen, um nicht von ihnen versklavt zu werden. Sie sollten sich einen ruhigen Ort suchen, an dem Sie zur Ruhe kommen können, und auch Meditation wird Sie ins Gleichgewicht bringen.

Menschen mit dem Feuerelement sind hartnäckig und lukrativ.

Element Holz

Menschen, die in den Jahren geboren sind, die auf die Zahlen 4 oder 5 enden, gehören dem Element Holz an. Holz ist das Element, das Harmonie, Schönheit und Kreativität symbolisiert. Sie haben ein sehr hohes Maß an Selbstvertrauen und einen eisernen Willen, was sie zu den richtigen Menschen macht, um für eine gerechte Sache zu kämpfen.

Holz ist mit dem Planeten Jupiter verbunden, es ist das günstigste der Elemente, Symbol für Beständigkeit und Wissen. Anpassungsfähig biegt es bequem, und hat mehrere Anwendungen,

die kommunikativ, geben und ehrliche Menschen
zu charakterisieren.

Menschen mit dem Holzelement sind kreativ und
vital, aber manchmal sind sie zerstreut und nicht
in der Lage, ihren Weg zu finden und ihre Ziele
zu erreichen. Sie vertrauen anderen bis hin zur
Unschuld, sind gerne mit allen zusammen und
entdecken immer neue Dinge, die sie preisgeben
und sich selbst befriedigen können. Sie fühlen
sich zur Natur und zu Kindern hingezogen und
geben der Familie den Vorrang.
Gelegentlich neigen sie dazu, unrealistische
Erwartungen zu stellen, ihren Körper
herabzusetzen, zu viel zu essen und sich in
Leidenschaft und Sinnlichkeit zu verlieren.
Sie sind es gewohnt, Partner aus dem
Wasserelement zu wählen, von denen sie Mut
und Unterstützung erhalten, und solche aus dem
Feuerelement, die sie mit ihren brillanten Ideen
versorgen.
Es verträgt sich nicht sehr gut mit dem
Metallelement, das es gnadenlos zerstört.

Das Element Holz erkennt man an seiner grünlichen Farbe. Diese Menschen sollten sich um ihre Augen kümmern.

Holz wird verwendet, um Unterkünfte zu bauen, so dass es uns schützt. Holz deckt sich mit der Kreativität des Wassers, und dank dieser Eigenschaft verstehen und helfen sie anderen.

Diejenigen, die unter dem Holz-Element geboren sind, haben innere Konflikte, um sich Regeln und Traditionen zu unterwerfen, wo strenge Urteile ständig in Kraft sind. Dieses Element nährt das Wasser und ist gleichzeitig Brennstoff für das Feuer. Seine Energie wird von der Erde aufgesaugt und vom Metall unterjocht.

Menschen mit dem Element Holz erringen immer große Erfolge und haben eine begehrte Struktur. Ihre Berufe sind vielseitig.

Sie legen großen Wert auf Integrität und streben danach, einen festen Platz im Leben zu finden. Der Glaube an den Erfolg und ihre analytischen Fähigkeiten geben ihnen die

Fähigkeit, sich ohne Zögern den komplexesten Problemen zu stellen.

Mit einer unglaublichen Überzeugungskraft wirken sie in vielen Bereichen, denn sie haben immer das Ziel der Entwicklung und Transformation.

Ihr natürlicher Wille hilft ihnen, voranzukommen, und sie finden immer Unterstützung und das nötige Kapital, da andere Menschen auf ihre Fähigkeit zählen, Ideen in Wohlstand zu verwandeln.

Sein Haupthindernis ist es, die Dinge auf die Spitze zu treiben. Wut und verhaltener Zorn wirken sich absolut negativ auf die Energien dieses Elements aus. In der Nähe von Bäumen zu sein und sie zu berühren, gleicht das Holzelement aus.

Bei der Arbeit sind Menschen, die dem Holzelement angehören, geordnet, intelligent und einfallsreich.

Bei kommerziellen Aktivitäten sind sie fruchtbarer, wenn die Arbeit im Team erfolgt und gut strukturiert ist.

Kein Arbeitsbereich, der mit ihrem Element zu tun hat, ist ungünstig, aber diejenigen, die mit Feuer zu tun haben, können sie bis zu einem gewissen Grad beeinträchtigen, und diejenigen, die mit Metall zu tun haben, werden sie ruinieren.

Element Wasser

Das unempfindlichste und gefühlloseste Element, das mit dem Winter, der Langlebigkeit und dem Planeten Merkur verwandt ist, ist der Herrscher der Kommunikation und der tiefen Zuneigung.

Ein Mensch mit dem Element Wasser ist sensibel, aber hermetisch. Er ist barmherzig, sentimental und zerbrechlich, hasst Kritik und entscheidet sich deshalb, im Verborgenen zu handeln, um sich zu schützen. Er ist herzlich, wortgewandt und gleichzeitig besonnen und weiß, wie man Rückschläge überwindet, ohne sich aufzuspielen, mit Gerissenheit, Scharfsinn und Ausdauer. Auf diese Weise erreicht er seine Ziele indirekt und im Stillen, wobei er den Eindruck erweckt, rücksichtsvoll und verständnisvoll zu sein.

Energiemangel ist ein Problem für das Wasserelement, wenn es nicht lernt, seine Hilflosigkeit mit der Kraft auszugleichen, die aus der Reflexion und der Kommunikation mit den tiefsten Teilen seines Wesens kommt. Panik ist immer die Leitschnur seines dramatischen Lebens, das oft in der Dunkelheit gelebt wird, aus Angst, sich zu zeigen und zu kämpfen.

Auf beruflicher Ebene sind sie wegen der Konkurrenz selbstbewusst, aber sie leisten gute Arbeit an klaren und geschützten Orten, wie Schulen, Buchhandlungen, Redaktionen oder überall dort, wo Kommunikation, mündlich oder schriftlich, der primäre Mechanismus ist, und in der Gesellschaft von friedlichen Kollegen, die zu ihrer Persönlichkeit passen, wie zum Beispiel jemand aus dem Holz-Element, mit dem der Wunsch nach Weisheit zusammenfällt, oder mit

dem Metall, von dem sie Entscheidungen
erhalten.

 Im Gegenteil, sie passt sich weder dem
Feuerelement an, das sie auslöscht und entmutigt,
noch den Menschen, die dem Erdelement
angehören und bei denen sie sich eingeschränkt,
konditioniert und behindert fühlt.

Die schwarze Farbe, ist die eine, die sie
begünstigt, aber sie sollten es mit Mäßigung zu
verwenden, weil es dazu neigt, sie zu entmutigen.
Das gleiche geschieht mit dunklem Quarz, die
Glück anziehen, wie Jet, Onyx und Turmalin. Um
den besten Nutzen aus seinen Qualitäten zu
ziehen, ohne in die Extreme zu gehen, und um
eine Zerstreuung zu vermeiden, sollte die Person
des Wasserelements ihre Pläne im Winter
beginnen.

In positiven Perioden vermitteln die
Liebesbeziehungen dieses Elements Zärtlichkeit,
Gleichmut und Vorsicht, Potentiale, die es ihnen
ermöglichen, sich mit der nötigen Klugheit zu

verhalten, um die Ursachen ihrer Konflikte zu beseitigen, wenn sie auftreten.

Sie haben ein unglaubliches Denkvermögen, obwohl ihre zurückhaltende, tiefe und trübe Persönlichkeit sie zu Melancholie neigen lässt. Sie zeigen auch Mangel an Sicherheit und Kühnheit. Kreativität ist eine der Haupteigenschaften, die dieses Element repräsentiert, ebenso wie Anpassung, Sanftmut, Barmherzigkeit und Mitgefühl. Ohne Wasser gäbe es keine Lebewesen auf der Erde, dieses Element ist rein und kristallin, Eigenschaften, die diejenigen haben, die zu diesem Element gehören.

Menschen, die diesem Element angehören, sind leutselig und haben eine wunderbare Macht über andere. Sie haben eine originelle Intuition, die es ihnen ermöglicht, schnell zu erobern. Ausdauer und Klarheit geben ihnen die Möglichkeit, Ereignisse vorherzusagen.

Sie können die Fähigkeiten anderer wahrnehmen und sie effektiv inspirieren, aber sie sind diskret und lassen andere nicht merken, dass sie sie nutzen.

Der Missbrauch von Natrium oder Alkaloiden und Lebensprototypen, die von den üblichen Strukturen abweichen, sind für Menschen, die im Wasserelement geboren sind, sehr schädlich. Die Einhaltung der Schlafzeiten, die Aufrechterhaltung einer entspannten geistigen und emotionalen Gesundheit und der Kontakt mit Wasser stellen ihre Harmonie wieder her und optimieren ihre Energien.

Diejenigen, die einem Wasserelementzeichen angehören, können Berufe ergreifen, die mit Holz und Feuer zu tun haben, und erfolgreich sein, Berufe ausüben, die mit ihrem eigenen Element zu tun haben, und Berufe, die mit Erde zu tun haben, ablehnen, da Erde das Wasser unterdrückt.

Kompatibilität und Inkompatibilität

Sie sind kompatibel:

Ratte - Drache - Affe.

Sie stehen in Beziehung zueinander durch ihre Persönlichkeiten, die sehr aktiv und freundlich sind. Alle drei sind fleißig, ungeduldig, leidenschaftlich und ruhelos und haben stets hohe Ziele vor Augen. Sie stecken voller Ideen, haben die nötige Ausdauer und den Mut, sie umzusetzen, und kommen immer wieder mit innovativen, unerwarteten, überraschenden und kraftvollen Lösungen daher.

Tiger - Pferd - Hund.

Sie sind durch die Zufriedenheit verbunden, die sie empfinden, wenn sie zusammenarbeiten. Sie sind durch ihre Bescheidenheit, Würde, Ehrlichkeit und ihren hartnäckigen Altruismus verbunden. Einfühlsam, scharfsinnig und kommunikativ, wenn auch ein wenig gewalttätig und streng, kämpfen sie energisch gegen Ungleichheiten, Gewalt und Illegalität. Diese drei Zeichen verkaufen niemals ihr Gewissen.

Ochse - Schlange - Hahn.

Diese drei Zeichen eint ihre Förmlichkeit, ihre Vernunft und die Ernsthaftigkeit, die sie in ihrem Leben erreichen. Sie sind energisch, unternehmungslustig und unermüdlich, unflexibel in ihren Entschlüssen, sie überdenken und planen gerne in Ruhe, bevor sie Verpflichtungen eingehen, die sie später bereuen würden. Was ihnen fehlt, ist Kälte, denn für sie muss die Vernunft über die Gefühle siegen.

Kaninchen - Ziege - Schwein.

Drei emotionale Zeichen, die auch durch ihre Kreativität verbunden sind. Instinktiv, anfällig, sensibel und zurückgezogen, passen sie sich leicht an ihren Lebensraum an, und als gute Profiteure haben sie nichts dagegen, von anderen abhängig zu sein. Ihre täglichen Aussagen beinhalten immer die Worte: Perfektion, Allianz und Konformität.

Hinweis: Gegenüberliegende Zeichen sind gegenüberliegende Feinde:

Ratte -Pferd

 Ochse - Ziege

 Tiger - Affe

Kaninchen - Hahn

 Drache - Hund

Schlange - Schwein.

Hund

Eigenschaften

Hunde lieben es, andere Menschen glücklich zu machen, obwohl ihre Sturheit und ihre Art, die Dinge mit einem Übermaß an Legalität zu interpretieren, oft zu Konflikten führen. Sie denken, dass die Welt auf dem Kopf steht, obwohl sie nicht versuchen, sie zu verändern, sondern sich einfach anpassen.

Hunde sind äußerst treu. Ihre Treue zeigt sich in Freundschaft und Liebe, obwohl das nicht bedeutet, dass sie außergewöhnliche Liebhaber sind. Hunde können zwar leidenschaftliche Momente erleben, aber das ist auch alles, denn sie werden oft von alltäglichen Situationen geplagt, die mehr Platz in ihrem Kopf einnehmen als ihre Arbeit, ihre Freunde oder ihr Partner.

Selbst wenn sie nicht genug lieben, werden sie immer versuchen, Beziehungen zu retten, weil sie sehr gute Gefühle haben und ihr Bestes tun werden, um zu helfen. Sie werden immer die Probleme anderer Menschen lösen, bevor sie entstehen. Manche mögen dies als Einmischung interpretieren, und ihre Sturheit wird sie daran hindern, darüber nachzudenken, dass ihr Wunsch zu helfen sich manchmal als peinlich für andere erweist.

Hunde sind gute Berater und befolgen die Befehle ihrer Vorgesetzten. Ihr Wesen trägt dazu bei, Konflikte innerhalb eines Unternehmens zu entschärfen. Dies und ihr ausgeprägter Sinn für Gleichberechtigung qualifizieren sie für die Sozialarbeit.

Es kommt selten vor, dass der Hund sich über jemanden ärgert, er wird ihn zur Vernunft bringen, ohne ihn zu hassen. Nicht alle Hunde suchen den Konflikt, im Gegenteil, sie wollen die Menschheit und das Gemeinwohl schützen.

Wenn ein Hund einmal den Entschluss gefasst hat, sich für eine gerechte Sache einzusetzen, hat er immer Erfolg, denn seine Bemühungen und Werte sind hoch. Der Hund ist sehr verantwortungsbewusst, er ist von seinem Temperament her ein Vermittler und wird Ihrem Argument mit Interesse zuhören, aber wenn Sie ihn bitten, sein Leben im Detail zu beschreiben, wird er ausweichend und diskret sein.

Der Hund hat manchmal einen schlechten Ruf, weil er sarkastisch ist, aber das ist eine allgemeine Aussage. Für ihn gibt es keine Wandteppiche, es ist entweder schwarz oder weiß. Nichts kann halbwegs sein. Er muss wissen, wie Sie sich verhalten, bevor er sich mit Ihnen wohlfühlen kann.

Bequem, entschlossen und mit einem gewissen Wohlstand ausgestattet, wird der Hund ein guter Ratgeber sein, der keine Gnade kennt, nicht einmal sich selbst gegenüber.

Die Menschen vertrauen den Hunden wegen ihrer Diskretion und ihres Pflichtbewusstseins, was jedoch ihre Neigung zu kleinlichen Streitigkeiten, zu denen sie neigen, nicht ausschließt. Obwohl der Hund immer zufrieden und zufrieden ist, ist er instinktiv melancholisch.

Er neigt dazu, ohne Grund herumzutappen, und muss immer präzise Antworten geben. Wenn er wütend ist, kann er unangenehm oder ängstlich sein, ist aber im Allgemeinen ruhig und bereit, auf die Bedürfnisse seiner Mitmenschen einzugehen.

Wenn du einmal die Loyalität eines Hundes gewonnen hast, wird er dir sein ganzes Vertrauen schenken und dir absolute Unterstützung bieten. Menschen dieses Zeichens sind energiegeladen und können eine Menge Sorgen ertragen, ohne daran zu zerbrechen. Der Hund verträgt sich am besten mit dem Pferd, dem Hasen und dem Tiger.

Er wird niemals Komplikationen mit der Ratte, der Schlange, dem Affen, dem Schwein oder mit einem anderen Hund haben.

Für einen Hund ist es jedoch sehr schwierig, mit einem Hahn umzugehen, und er wird dem Drachen niemals sein ganzes Vertrauen schenken können. Seine Beziehung zur Ziege ist nicht gesund.

Hund

Metall-Hund

Der Metallhund ist elegant und sexy. Dieser Hund hat immer viele Verehrer um sich herum wegen seiner Schönheit. Wenn sie nach einer Liebesbeziehung suchen, wollen sie jemanden, der stabil ist. Aus diesem Grund suchen sie immer nach einer Person, die nicht von Illusionen lebt.

Sie sind leidenschaftlich, aber wenn sie desillusioniert werden, ist es sehr schwierig, ihr Vertrauen und ihre Leidenschaft wiederzuerlangen. Sie suchen Verbindlichkeit und Stabilität und haben wenig Geduld mit wankelmütigen Menschen.

Sie fühlen sich zu Menschen hingezogen, die bodenständig sind, und für sie ist es sehr wichtig, ihren Partnern zu vertrauen. Sie müssen lernen, mit ihrem Kontrollbedürfnis umzugehen, denn nur so können sie ihre Besitzgier überwinden.

Ihre wertvollste Tugend ist die Geduld; alles, was sie beginnen, bringen sie auch zu Ende. Sie haben eine übernatürliche Geistesstärke, die sie ausdauernd, umsichtig und bedacht macht.

Der Metallhund weiß, dass sich zu ärgern das Mittel der Narren ist, aber wenn er sich ärgert, ist es schwierig, ihn zu beherrschen, vor allem in Bezug auf seinen Partner.

Wasserhund

Der Wasserhund hat einen Master-Abschluss in Planung, ist mutig und hasst es, traditionell zu sein. Er liebt jedoch seine Familie und all jene, die er für Menschen hält, die seine Aufmerksamkeit verdienen. Er hat ein feines Gespür für die Bedürfnisse der Bedürftigen und ist immer bereit, die Extrameile zu gehen, um ihnen zu helfen.

Er ist sehr freundlich zu sich selbst und zu anderen, manchmal ist er launisch, aber er weiß, wie er seine Gefühle kontrollieren kann. Er ist ein guter Freund und Seelsorger.

Er lebt nicht nach Illusionen und ist sehr streng, weil er sich positive Beziehungen wünscht. Wenn es ihm gelingt, Außenwahrnehmung und Intuition in Einklang zu bringen, denkt er richtig.

Trotz ihrer ausgezeichneten intellektuellen Fähigkeiten und ihres Charismas streben sie keine Führungspositionen an, weil sie auf

Gleichheit bedacht sind. Für sie ist es wichtig, eine herzliche Beziehung zu erreichen, und manchmal ziehen sie es vor, Umstände zu akzeptieren, die sie leiden lassen, aus Angst, allein gelassen zu werden.

Obwohl sie keine Ungerechtigkeit dulden, nehmen sie Rücksicht auf die Meinung anderer und mögen es nicht, kritisiert oder beurteilt zu werden. Sie sind sehr entgegenkommend und sympathisch in ihren Beziehungen, weil sie akzeptiert und geliebt werden wollen.

Hölzerner Hund

Waldhunde werden respektiert und kommunizieren höflich mit anderen.

Sie sind in der Regel gute Ökonomen, da sie es verstehen, die düsteren Abgründe der Ressourcenschwankungen einzubeziehen und ein Gleichgewicht zu finden. Ihr Erfolg ist mit dem ihres Unternehmens oder ihrer Familie verbunden. Sie akkumulieren Ressourcen durch Willen und Beständigkeit, im Allgemeinen im Namen ihrer Familie.

Seine Energie ist manchmal lästig, weil er einen starken Willen hat, der jedes Hindernis überwindet. Wenn er seine positive Seite zeigt, ist er rebellisch, entschlossen und vernünftig. Wenn er seine dunkle Seite offenbart, kann er misstrauisch, nachtragend und reizbar sein. Dieser Hund ist übermäßig sinnlich, aber ein furchterregender Feind, der zu heftigem Hass fähig ist, wenn er verärgert wird. Sie können nicht getäuscht werden, weil sie alles herausfinden, und wenn es eine Untreue gibt, wird es eine riesige Anstrengung bedeuten, das Blatt zu wenden.

Als Vater neigt er dazu, anspruchsvoll und streng zu sein. Aber aufgrund seiner Fähigkeit, das Leben zu genießen, ist er ein Freund seiner Kinder.

Manchmal erhalten sie Vermächtnisse oder Familienvermögen, das sie dann verstecken.

Feuer Hund

Der Feuerhund ist intelligent und fleißig. Sie erledigen ihre Arbeit immer pünktlich, aber sie zerstreuen ihre Energie zu sehr, weil sie sich nicht konzentrieren können. Sie sind sehr von anderen Menschen und von der Umwelt beeinflusst.

Ein Feuerhund ist ehrlich und hat eine hohe Bereitschaft, Menschen in Not zu helfen. Sein ruhiges, aber fröhliches Temperament macht ihn zur Seele jeder geselligen Runde.

Manchmal verlieren sie ihren Sinn für Taktgefühl, und ihr Wunsch, die Wahrheit zu finden, führt dazu, dass sie ihre Meinung äußern, ohne Rücksicht darauf, wen sie betrifft. Das Feuer, das dieses Zeichen beherrscht, ist nicht diplomatisch, aber es ist inspirierend.

Sie hat eine unglaubliche Verführungskraft, ist aber eine Herausforderung, wenn sie rebelliert. Sie bevorzugen stetige, kontinuierliche

Einkünfte. Sie wissen, wie schwierig es für sie ist, das Geld zu verdienen, das sie brauchen, was durch ihren Mangel an Voraussicht in diesem Bereich noch verstärkt wird.

Sie haben eine gute geistige Konzentration und die Fähigkeit, sich völlig in ihre Arbeit zu vertiefen. Scheint Dinge auf einer instinktiven, nonverbalen Ebene zu wissen und lernt lieber durch direkte Erfahrung oder Lehre als durch Bücher oder Vorträge.

Er hat mechanisches Geschick in seinen Händen. Er kann sehr geschickt im Töpfern, Schreinern oder in allem, was manuelle Arbeit beinhaltet, werden. Er hat widersprüchliche emotionale Bedürfnisse, die sein Privatleben verkomplizieren. Er hat einen ausgeprägten Sinn für Ziele und weiß instinktiv, dass er, um etwas Bewundernswertes zu erreichen, alles Überflüssige eliminieren und sich ganz dem Ziel widmen muss, das er erreichen möchte.

Erdhund

Der Erdhund ist ruhig, anhänglich und
zurückhaltend. Seine Leistung hängt von der
Festigkeit zwischen dem, was er sagt und dem,
was er tut, ab. Deshalb ist es für ihn besser, zuerst
zu überlegen, was er sagt, als das, was er gesagt
hat, zu korrigieren oder zu simulieren, was er
getan hat.

Dieser Hund kann in der intellektuellen Welt eine
Autoritäts- oder Machtperson werden. Er hat eine
blitzschnelle Intuition, die sich zu bestimmten
Zeiten auf ziemlich genaue Weise zeigt. Seine
Herausforderung besteht darin, seine emotionale
Spannung zu senken, damit seine wahre Intuition
zum Vorschein kommt. Andernfalls wird sein
affektives Verhalten distanziert, kalt und anfällig
für unüberlegte Trennungen sein.

Dieser Hund muss Zuneigung mit Freiheit
verbinden, was schwierig, aber nicht unerreichbar
ist. Der Schlüssel dazu ist Respekt für andere
Menschen und brüderliche Kommunikation.

Sie werden oft nervös durch die emotionalen Reaktionen anderer Menschen, die Sie als fremd gegenüber Ihrer eigenen Natur empfinden. Es wäre ratsam für Sie, sich empirisch über die menschliche Psychologie zu informieren, um toleranter gegenüber den verschiedenen emotionalen Kräften der Menschen um Sie herum zu sein.

Vorhersagen 2024

Hund

Das Jahr 2024 wird ein sehr positives Jahr sein. Alles wird sich schnell bewegen. Viele Gelegenheiten werden sich ergeben, und die Ziele, die Sie im letzten Jahr nicht erreicht haben, werden Sie 2024 mit Mühe erreichen können. Bei der Arbeit werden Sie all Ihre gesammelten Erfahrungen nutzen, die Ihnen in diesem neuen Jahr nützlich sein werden. Wenn sich Gelegenheiten ergeben, werden Sie in der ersten

Reihe stehen und in jeder Hinsicht davon profitieren.

Sie sollten sich stärker an ihrem Arbeitsplatz oder in ihrem Studium engagieren; es wird ihnen auch zugutekommen, wenn sie mehr Initiative zeigen und sich unentbehrlich machen.

Wer auf der Suche nach einem Arbeitsplatz ist, wird, wenn er seine Nachforschungen perfekt durchführt, die gewünschten Möglichkeiten finden und sich problemlos bewerben können. Sie sollten herausfinden, welcher Sektor am besten geeignet wäre. Wenn sie sich entscheiden, ein persönliches Projekt zu entwickeln, werden sie sehr erfolgreich sein. Sie sollten sich die Zeit dafür nehmen, denn es wird sich als sehr vorteilhaft erweisen, und Sie werden viel Erfolg und wirtschaftliche Vorteile haben.

Sie haben ein ausgeprägtes soziales Leben und genießen Aktivitäten und Ausflüge mit Freunden. Es gibt Möglichkeiten zu reisen.

Sie werden in der Liebe Erfolg haben. Wenn Sie alleinstehend sind, werden Sie Gelegenheiten haben, besondere Menschen zu treffen, sich zu verlieben und eine Liebesgeschichte zu erleben. Für diejenigen, die bereits einen Partner haben, wird es ein Jahr zum Teilen sein.

Sie werden Ihre Begeisterung auf Ihre Familie übertragen, zu Hause wird Harmonie herrschen, Sie werden Gründe zum Feiern haben und sich glücklich fühlen. Verschwenden Sie Ihre Energien nicht, denn Sie werden sie im Laufe des Jahres brauchen. Versuchen Sie nicht, tausend Dinge auf einmal zu tun, planen Sie und Sie werden Zeit und Energie für alles haben.

In diesem Jahr haben sie das Potenzial zu glänzen und sich jeder Herausforderung zu stellen, aber sie müssen sehr vorsichtig sein, denn es könnte auch verhängnisvoll sein. Sie werden sich auf der Seite des Wohlwollens gegenüber anderen irren, werden sich zu viel zumuten wollen und mit dem Glück spielen. Dennoch kann es ein erfolgreiches Jahr werden, wenn sie die Dinge richtig angehen.

Sie werden Ihre Aufgaben perfekt erfüllen und Ihr volles Potenzial entfalten können. Halten Sie

Ihren Lebensstil ausgewogen. Seien Sie nicht unhöflich zu anderen. Eile und Risiko sind negativ.

Wenn Sie daran interessiert sind, Ihr Wissen zu erweitern und neue Themen zu lernen, ist 2024 ein gutes Jahr zum Studieren. Es ist auch ein Jahr, um Erfahrungen zu sammeln und alles, was Sie gelernt haben, in die Praxis umzusetzen.

Sie sollten sich bewegen, Energie aufwenden und ein Gleichgewicht finden. Hüten Sie sich davor, verrückte Dinge zu tun, denn es ist ein Jahr, in dem Sie sich verletzen könnten.

Kombination der Tierkreiszeichen mit dem chinesischen Horoskop

Wenn man östliche und westliche Horoskope kombiniert, ist es erstaunlich, wie sehr sie miteinander verbunden und genau sind.

Chinesische und westliche Horoskope sind die am häufigsten verwendeten Horoskope. Wenn Sie die Möglichkeit haben, sie gründlich zu verstehen, wird es für Sie einfacher sein, sie zu nutzen und einen zentralen Ansatz zu verfolgen.

Beide Horoskope basieren auf der Position der Sterne, aber im chinesischen Horoskop werden 28 Sternbilder verwendet, im westlichen Horoskop 88. Das chinesische Horoskop basiert auf 12 Tieren, die jedes Jahr regieren, und das westliche Horoskop basiert auf 12 Zeichen, die jeden Monat regieren.

Das chinesische Horoskop basiert auf dem Mondkalender und ist das älteste bis heute bekanntes Horoskop. Ihr Sternzeichen stimmt wahrscheinlich mit Ihrem Zeichen im

chinesischen Horoskop überein, aber das kommt
nicht oft vor. Wenn das der Fall wäre, wären die
Vorhersagen genauer.

**Zwischen den Zeichen beider Horoskope
besteht eine Gleichwertigkeit:**

Widder/Drache

Stier/Serpent

Zwillinge/Pferd

Krebs/ Ziege

Löwe / Affe

Jungfrau/Hahn

Waage / Hund

Skorpion / Schwein

Schütze / Ratte,

Steinbock/Ochse

Wassermann/Tiger

Fische / Kaninchen

Kombinationen

Hund

Widder / Hund

Menschen mit dieser Zeichenkombination sind ruhelos. Sie sind Vorreiter der Gerechtigkeit und haben immer die Fähigkeit, sich für andere aufzuopfern. Sie sind sehr anständig, haben ein hohes berufliches Niveau und verhalten sich ehrlich gegenüber ihren Freunden.

Diese Menschen haben ein gutes Herz, ihr Verstand ist sehr misstrauisch und ihre Intuition erlaubt es ihnen zu erkennen, wenn jemand sie betrügt. Sie verabscheuen heuchlerische

Menschen und lassen sich nie auf Klatsch und Tratsch ein.

Stier /Hund

Die Mischung dieser beiden Zeichen ergibt zuverlässige und würdevolle Menschen. Sie sind sehr verantwortungsbewusst und edel. Sie mögen es, die positive Seite aller Umstände zu sehen, und projizieren Vertrauen und Freundlichkeit.

Sie sind sehr geduldig, skrupellos und haben hohe moralische Werte. Sie wissen, wie man zuhört und drängen nie ihre Meinung auf. Sie sind hartnäckig und eigensinnig, und das Konkrete ist ein Werkzeug, das sie immer wieder einsetzen, um voranzukommen.

Zwillinge/Hund

Ein ausgeglichener Mensch ist das Ergebnis der Vereinigung dieser beiden Energien. Manchmal sind sie ruhelos und es fehlt ihnen an emotionaler

Intelligenz, weil sie zu unberechenbarem Verhalten neigen.

Sie haben ein hochentwickeltes Temperament, das sie dazu bringt, übereilte Entscheidungen zu treffen und die Menschen um sie herum zu enttäuschen. Sie sind leicht beleidigt, obwohl sie gesellig sind und einen brüderlichen Charakter haben. Sie unterstützen nicht die Routine, sie sind neugierig und aktiv.

Krebs/Hund

Menschen mit diesen Zeichen sind zurückhaltend. Sie haben eine doppelte Persönlichkeit, denn sie sind sehr beschützend gegenüber ihrer Umgebung. Sie leben ihr Leben mit großer Leidenschaft und genießen ihre Familie, die sie immer beschützen. Sie neigen dazu, sich von Versuchungen hinreißen zu lassen, sind nachsichtig mit sich selbst und neigen manchmal dazu, faul und provokativ zu sein.

Sie lassen sich leicht manipulieren und müssen deshalb ihre Zweifel unterdrücken und ihre Gefühle absondern.

Löwe/Hund

Diese Menschen sind stolz und selbstbewusst. Sie zweifeln nie an sich selbst und sind mutig. Sie genießen es, im Mittelpunkt zu stehen, sie sind Anführer und kontrollieren gerne alles. Sie sind gegen Ungerechtigkeit, ihre Persönlichkeit ist magnetisch und sie inspirieren andere mit ihrem Handeln, weil sie viel Mut haben.

Sie äußern ihre Gedanken frei, sind realistisch und beschützend. Wenn sie betrogen werden, distanzieren sie sich, hegen Groll und vermeiden die Nähe zu anderen.

Jungfrau /Hund

Eine Kombination, die tadellose Menschen mit eiserner Resistenz hervorbringt. Sie sind sanft und praktisch, sie nie Fehler machen, wenn eine

Entscheidung zu treffen, weil sie alle Vor- und Nachteile analysiert haben. Sie sind anspruchsvoll mit ihren Freunden, sie wählen Menschen mit hohen Werten, und die ehrlich sind. Die Möglichkeit, zurückgewiesen zu werden, macht ihnen Angst, und dieses Gefühl hindert sie daran, sich ganz einer Beziehung hinzugeben. Sie erfinden oft Dramen, um die Leere zu füllen, wenn das Leben langweilig wird.

Waage/Hund

Diese Kombination ergibt freundliche Menschen, die in der Lage sind, ihre Interessen für das Gemeinwohl zu opfern. Sie brauchen ein Gleichgewicht in allen Bereichen ihres Lebens, um sich sicher zu fühlen. Sie sind ihr eigener ärgster Widersacher, da sie dieses Gleichgewicht auf die Probe stellen, indem sie extreme Situationen provozieren. Sie sind scharfsinnig und aufmerksam gegenüber anderen. Sie sind in der Lage, sich zu konzentrieren, was sie jedoch nicht davon abhält, rücksichtslose Handlungen zu begehen.

Sie hören selten auf Ratschläge, sind vielseitig interessiert und haben einen ausgeprägten Sinn für Wettbewerb, was sie zu ausgezeichneten Kreativköpfen macht.

Skorpion/Hund

Diese Mischung ergibt eine arrogante Person. Wirklich tief im Inneren sind sie sehr sensibel und mitfühlend, aber sie zeigen es nicht, weil das ihr Schutzmechanismus ist. Sie sind Mystiker, mit einer gut entwickelten Intuition und einem vorsichtigen Sinn für Kommunikation.

Sie sind höflich, treu und genießen das Leben in vollen Zügen, ohne sich zu viele Gedanken zu machen. Sie sind charismatisch und entschlossen.

Schütze/Hund

Dies ist eine Person, die es nie duldet, allein zu sein. Sie sind optimistisch und sagen ihre Meinung ohne Hemmungen. Durch die positive Energie, die sie ausstrahlen, ziehen sie immer andere in ihr Leben, und deshalb wächst ihr Freundeskreis täglich.

Auf sie können Sie sich verlassen, an ihrer Schulter können Sie sich ausweinen, und in den schrecklichsten Momenten haben Sie eine Hand zum Festhalten.

Steinbock/Hund

Diese Person ist ruhig und intelligent. Er ist gesellig, verantwortlich und mitfühlend. Er ist respektvoll, und mit sehr hohen moralischen Werten. Wenn sie sich einmal verliebt haben, sind sie sehr treu, aber eifersüchtig. Lügen haben in ihrem Leben keinen Platz, deshalb vertrauen sie jedem. Sie sind hartnäckig und übernehmen viel Verantwortung, sie streben danach, von anderen beachtet und respektiert zu werden. Sie wissen, wie sie mit ihren Finanzen umgehen müssen und behalten dabei ihre Ziele und den besten Weg, diese zu erreichen, im Auge.

Wassermann/Hund

Diese Menschen sind sehr verantwortungsbewusst und brauchen keine Unterstützung von anderen. Sie stellen ihre eigene Meinung über die der anderen. Sie zeichnen sich in jedem Beruf aus und verstehen es, sich in andere hineinzuversetzen, da sie gute Freunde sind. Sie wissen oft nicht, wie man die Realität erkennt, und können von ihren Wahrnehmungen besessen werden.

Er ist mit einer überragenden Intelligenz ausgestattet und hat daher das Gefühl, dass der Rest der Welt seinen Ansprüchen nicht gerecht wird.

Fische /Hund

Diese Menschen neigen dazu, in einer Wolke zu leben, weil sie Träumer sind. Sie würden alles tun, um an Geld zu kommen, weshalb sie in einen Zustand der Verzweiflung geraten können, der sie zu illegalen Handlungen verleitet. Aufgrund ihrer Angst vor Konfrontationen ziehen sie sich oft zurück und werden sehr verletzlich.

Sie lehnen Disziplin ab, lieben das Drama und sind launisch und intuitiv. Sie sind sehr misstrauisch, verstehen alles sehr gut und sind nicht egoistisch mit ihren Freunden.

Dekorieren Sie Ihr Zuhause nach Feng-Shui

Feng Shu ist eine chinesische Philosophie, die sich mit der Umwelt befasst und auf der Theorie von Yin und Yang und den fünf Elementen basiert. Experten haben gezeigt, dass im alten China regelmäßig Gebiete gewählt wurden, die von Bergen umgeben waren und einen Fluss hatten. Dies lag nicht nur daran, dass diese Gebiete die wichtigsten Kriterien für das Überleben darstellten, sondern auch daran, dass sie den vom Feng-Shui festgelegten Mustern entsprachen. Der Grundgedanke des Feng-Shui besteht darin, ein Gleichgewicht zwischen den Menschen und dem Universum herzustellen. Wenn es gute Energien gibt, gibt es ein Gleichgewicht, da Feng-Shui das Schicksal eines jeden Menschen beeinflusst. Durch das Studium von Feng-Shui kann der Mensch an seiner Kompatibilität mit der Natur, seiner Umgebung und seinem Leben arbeiten, um mehr Wohlstand und Gesundheit im Leben zu erreichen.

Theorie der fünf Elemente

Die Theorie der fünf Elemente ist ein Bestandteil des Feng-Shui. Diese Elemente sind wichtig für die Bestimmung des richtigen Feng-Shui in einem bestimmten Raum. Diese Elemente sind: Feuer, Erde, Metall, Wasser und Holz, und jedes hat eine Besonderheit, die bestimmte Aspekte des Lebens symbolisiert.

Die Fünf Elemente sind der Ausdruck, den Feng-Shui verwendet, um die Struktur der Natur zu erklären, und diese Elemente wirken zusammen und müssen immer ausgeglichen sein.

Feng-Shui für die zwölf Zeichen des chinesischen Horoskops

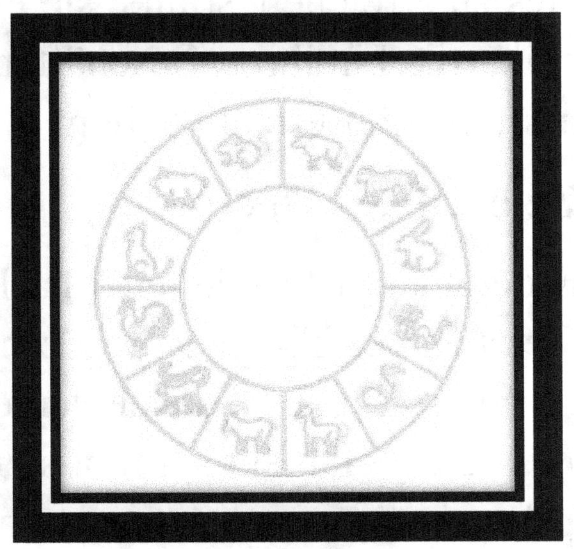

Das Zeichen der Ratte

Wasser begünstigt Menschen, die unter dem Zeichen der Ratte geboren sind, es hilft ihnen, Wohlstand zu erlangen. Um Fülle zu erhalten, sollten sie ein Goldfischbecken in den nördlichen Teil ihres Büros stellen.

Das Zeichen des Ochsen

Menschen dieses Zeichens werden Wohlstand erreichen, wenn sie das Element Feuer nutzen. Um dies zu erreichen, sollten sie Porzellan- oder Keramikartikel in ihren Geschäften oder Büros und in ihren Häusern aufstellen.

Das Zeichen des Tigers

Das Erdelement ist dasjenige, das Personen, die dem Zeichen des Tigers angehören, verwenden sollten. Sie sollten etwas Relevantes hinzufügen, dass dieses Erdelement symbolisiert. Eine Topfpflanze oder eine natürlich wachsende Blume kann Wohlstand in ihr Leben bringen.

Das Zeichen des Hasen

Um Glück und Fülle anzuziehen, brauchen Menschen mit dem Zeichen Hase ein geheimes Erdelement in ihrem Leben. Sie sollten eine Jade oder einen Citrin-Quarz im nordöstlichen Teil Ihres Hauses oder Büros verstecken.

Drachen-Zeichen

Der Nordwesten ist hervorragend für diejenigen,
die im Zeichen des Drachen geboren sind. In
diese Richtung sollten sie eine Schale mit klarem
Wasser, vermischt mit ein wenig Erde, stellen.
Eine andere Möglichkeit ist, eine Lotusblume in
eine Schale zu legen.

Das Zeichen der Schlange

Menschen, die dem Zeichen der Schlange
angehören, werden zu Wohlstand kommen, wenn
sie Metallgegenstände, insbesondere Gold und
Silber, in ihrem Haus oder Büro verwenden.

Das Zeichen des Pferdes

Der Nordwesten ist die empfohlene Position für
Menschen mit dem Zeichen des Pferdes, um ein
großes Kapital zu erhalten. Sie sollten einen

Metallfrosch im Nordwesten ihres Hauses oder Geschäfts platzieren.

Das Zeichen der Ziege

Norden ist die geeignete Himmelsrichtung für Menschen, die im Zeichen der Ziege geboren sind. Sie sollten eine kleine Holzkiste oder einen anderen hölzernen Gegenstand im Norden ihres Büros oder ihrer Wohnung aufstellen.

Wenn sie eine Holzkiste verwenden, sollten sie einen Gegenstand, der mit ihrem Beruf zu tun hat, in die Kiste legen. Ein Schriftsteller kann zum Beispiel einen Bleistift in die Kiste legen.

Affe Zeichen

Damit Wohlstand in das Leben von Menschen kommt, die im Zeichen des Affen geboren sind, sollten sie eine Pflanze in ihrer Größe oder größer in dieser Himmelsrichtung auf der Westseite des Hauses oder des Unternehmens aufstellen.

Hahn Zeichen

Wer dem Sternzeichen Hahn angehört, hat Glück,
wenn er einige Samen in ein Glas, eine Flasche
oder eine Schale von dunkelroter Farbe legt. Sie
sollten kein Metall verwenden.

Hundeschild

Menschen, die dem Zeichen des Hundes
angehören, sollten in ihrem Leben auf die
Elemente Wasser und Erde verzichten. Sie
können Baumstämme oder Pflanzenzweige in ihr
Büro oder ihre Wohnung stellen, aber sie können
sie nicht in Wasser oder Erde stellen.

Das Zeichen des Schweins

Menschen, die im Zeichen des Schweins geboren
sind, brauchen das Element Feuer in ihrem
Leben, um Glück zu haben. Sie können ein
Keramiktablett oder andere Gegenstände aus Ton
in ihrem Haus aufstellen.

Feng-Shui 2024

Im Jahr des Drachen sollten Sie Perlenarmbänder oder Armreifen tragen.

Sie sollten ein Amulett mit einer Drachenfigur oder ein Feng-Shui-Glücks-Windspiel mit Kristallen aufstellen und es im Südosten Ihres Hauses oder im Familienbereich Ihres Schlafzimmers oder Büros platzieren.

Vergessen Sie nicht, Ihre Wohnung mit Grünpflanzen, natürlichen Blumen in verschiedenen Farben, Fotos, Bildern oder Darstellungen zu dekorieren, die Landschaften und Gärten charakterisieren.

Sie sollten auch Dekorationen aus Holz verwenden und keine Fotos von verstorbenen Familienmitgliedern neben die aktuellen Familienfotos stellen, da die Schwingung dieser Fotos schmerzhaft ist und Ihnen Energie entzieht.

Das chinesische Neujahrsfest hat viele Traditionen, um das Alte zu verabschieden und Platz für das Neue zu schaffen. Eine Tradition, die wir empfehlen, ist, am ersten Tag des chinesischen Mondneujahrs nicht in der heimischen Küche zu kochen, da es Unglück bringt, scharfe Instrumente wie Messer herauszunehmen. Dies kann das Glück für den Rest des Jahres schmälern.

Die ersten 15 Tage des chinesischen Neujahrsfestes werden gefeiert, und obwohl es stimmt, dass uns manchmal die Zeit dazu fehlt, ist es ratsam, im Voraus Vorbereitungen zu treffen.

Wenn Sie es schaffen, im Voraus vorbereitet zu sein, wird dies Ihnen helfen, Wohlstand anzuziehen. In diesem Jahr sollten Sie zwei Tage vor dem chinesischen Neujahrsfest, also am Donnerstag, den 8. Februar 2024, mit einer gründlichen Reinigung Ihres Hauses beginnen. Vergessen Sie nicht, dass es Unglück bringt, am ersten Tag des neuen Jahres zu putzen, weil Sie damit Ihr ganzes Glück aus der Haustür fegen würden.

Am Abend vor dem chinesischen Neujahrsfest, am Freitag, dem 9. Februar 2024, sollten Sie alle Ihre Ziele für das Jahr planen und aufschreiben, falls Sie das nicht schon am 1. Januar getan haben.

Schreiben Sie nach dem Neumond am Freitag, den 09.02.2024 um 17:58 Uhr EST absolut alle Ihre Wünsche auf. Welche Ziele wollen Sie in Ihrem Berufsleben, in Ihrem Finanzbereich, in Ihrem Liebesleben und in Ihrem Familienleben erreichen? Schreiben Sie eine Liste für jeden Bereich Ihres Lebens, den Sie verbessern möchten.

Wenn du eine Holztruhe kaufen kannst, wäre das ideal, denn darin kannst du deinen Wunschzettel zusammen mit einem Pyrit quarz und einem Citrin aufbewahren, die als Steine bekannt sind, die Wohlstand und Fülle anziehen. In die Truhe sollten Sie drei chinesische Münzen legen, denn sie sind traditionelle Symbole des Überflusses.

Alles, was Sie in diese Truhe legen, wird Ihre Wünsche schützen und die Wohlstandsenergien verstärken. Sie sollten diese Truhe an einem besonderen und sicheren Ort aufbewahren, am besten an einem hoch gelegenen Ort, denn so können Sie positive Energien von einer prominenten Stelle aus anziehen.

Vergiss nicht, neue Kleidung zu tragen, denn sie steht für die neuen Energien, die du in dein Leben ziehen willst. Du solltest einige rote Details tragen.

Besonders am Neujahrstag sollten Sie versuchen, sich nicht aufzuregen. Wenn möglich, nehmen Sie sich an diesem Tag frei, damit Sie sich nicht mit dem Verkehr oder anderen Sorgen herumschlagen müssen. Denken Sie daran, auf dem Markt eine Tüte Orangen zu kaufen, denn

das symbolisiert den Eintritt von Wohlstand in
Ihr Haus im neuen Jahr.

das symbolisiert den Eintritt von Wohlstand in
Ihr Haus im neuen Jahr.

Tipps für das Jahr 2024

Dies ist ein spektakuläres Jahr für Ihr persönliches Wachstum, deshalb sollten Sie die sich bietenden Gelegenheiten nutzen und nicht nur Ihre Fähigkeiten ausbauen, sondern auch neue erlernen.

Alles, was Sie in diesem Jahr 2024 tun, wird eine Investition in Ihre Zukunft sein. Es wird ein sehr arbeitsreiches Jahr sein, aber die Energien sind ermutigend, denn das Jahr des Drachen wird Ihnen die Gelegenheit geben, die Sie brauchen, um erfolgreich zu sein. Um davon zu profitieren, müssen Sie sich jedoch über alle Optionen, die

Ihnen zur Verfügung stehen, beraten lassen und alle Möglichkeiten analysieren.

Sie müssen aufmerksam sein und bereit, sich alle Ratschläge und Hilfen anzuhören. Mit Willenskraft und Initiative werden sich neue Türen für Sie öffnen.

In diesem Jahr des Drachen gibt es viel zu lernen, aber wenn Sie die Herausforderung annehmen, können Sie nicht nur in Ihrem Beruf vorankommen und Ihr Einkommen steigern, sondern auch wertvolle Erfahrungen sammeln.

Im Jahr des Drachen werden Sie sich nicht nur an größeren finanziellen Gewinnen erfreuen, sondern mit Ihrer unternehmerischen Natur auch ein Hobby finden, das Ihnen Wohlbefinden bringt.

Allerdings müssen Sie bei Ihren Ausgaben diszipliniert und sorgfältig haushalten, vor allem, wenn Sie an sehr umfangreichen Transaktionen beteiligt sind.

Wenn Sie im Laufe des Jahres Verträge unterzeichnen oder wichtige Vereinbarungen treffen müssen, sollten Sie die Bedingungen und alle Auswirkungen prüfen.

Um Höchstleistungen zu erbringen, sollten Sie einen ausgewogenen Lebensstil pflegen, Sport treiben, Ihren Schlafrhythmus einhalten und sich gesund ernähren. Es wird für Sie von Vorteil sein, neue Freunde zu finden.

Im Jahr des Drachen kann das Leben geheimnisvoll wirken und zufällige Ereignisse anziehen, die Ihnen viele Möglichkeiten eröffnen.

Der Zufall spielt in diesem Jahr eine wichtige Rolle in Ihrem Leben und verändert Ihre wirtschaftliche Situation. Nach dem Mai wird es eine Menge sozialer Aktivitäten geben, und Sie werden eine Menge Spaß haben können.

Es wird ein lohnendes Jahr sein, in dem es Entscheidungen zu treffen, Anschaffungen zu tätigen und Vergnügungen zu genießen gilt. Diejenigen, die einen Partner haben, werden feststellen, dass sie gemeinsam mehr Erfolge erzielen.

Es ist ein Jahr, in dem die Fähigkeit, Gelegenheiten wahrzunehmen, viele Vorteile bringen wird. Das Jahr des Drachen hat großes Potenzial, also bleiben Sie offen für Gelegenheiten und seien Sie auf Veränderungen und Anpassungen vorbereitet.

Das Jahr des Drachen wird die Unternehmer belohnen.

Am selben Abend, vor dem Jahreswechsel, sollten Sie Ihr Haus reinigen, alle Fenster zum Lüften öffnen und weiße und gelbe Blumen in allen Gemeinschaftsbereichen Ihres Hauses aufstellen. Speziell am Eingang sollten Sie Räucherstäbchen aus Zimt, Sandelholz, Eukalyptus oder Lavendel oder ein Räucherstäbchen aus Palo Santo, weißem Salbei oder Vanille aufstellen.

Sie müssen das Haus gut räuchern. Sahumar ist die Erzeugung von Rauch, in der Regel mit Hilfe von Weihrauch, um die Umgebung zu aromatisieren und als Instrument der Reinigung und Entschlackung zu nutzen.

Ihre Besonderheit ist, dass sie einen angenehmen Duft verströmen, dem eine entspannende Wirkung nachgesagt wird. Viele Menschen verwenden die Sahumerios mit dem Ziel, die energetischen Schwingungen ihrer Wohnung zu verändern.

Wenn Sie eine Räucherung haben, die Sie im ganzen Haus verteilen, denken Sie daran, kreisende Bewegungen nach rechts zu machen. Wenn ihr einen persönlichen Bereich reinigen wollt, solltet ihr mit eurem eigenen Körper beginnen, von den Füßen bis zum Kopf, und dann zum Herzen zurückkehren, wobei ihr immer leichte Kreise macht.

Da dies das Jahr des Hasen ist, ist es ratsam, ein paar Metall- oder Holzhasen im Haus zu haben, und wenn Sie die Möglichkeit haben, auch ein paar Glaskaninchen, da sie das Element des Jahres repräsentieren: Wasser.

Wenn Sie diese Möglichkeit nicht haben, können Sie ihn mit Bildern, Porträts oder Figuren symbolisieren. Betrachten Sie ihn als Glücksbringer, denn schließlich ist das Kaninchen bestrebt, den Wohlstand zu sichern. Er wird viel Reichtum in dein Haus bringen.

Eine weitere Empfehlung für das Jahr 2024 ist, einige Wände in Ihrer Wohnung himmelblau zu streichen.

Diese Farbe ist eine der Wohlstandsfarben für dieses neue Jahr. Seien Sie vorsichtig damit, Ihr

Haus mit Blau vollzustopfen. Sie sollten nie vergessen, dass Ausgewogenheit das Wichtigste ist. Wenn du es mit Blau übertreibst, ziehst du Entmutigung oder Apathie an.

Eine Möglichkeit oder Option ist es, ihn in Form eines Armbands, eines Ohranhängers, eines Pendels, eines Schläfers, eines Rings, eines Schlüsselanhängers oder eines Talismans in der Tasche oder im Portemonnaie zu tragen.

Wenn Sie sowohl das Kaninchen als auch das Wasser haben, wird dies eine Assoziation von Reichtum, Schutz und Glück in Ihrem Leben, Haus oder Büro bilden. Denken Sie immer daran, dass alles von Beständigkeit und Anstrengung begleitet wird. Wenn Sie einige Pflanzen wie Basilikum kaufen können, die eine große Kapazität, um Fülle zu erzeugen, neben seiner Macht zu bewegen und umwandeln schlechte Schwingungen hat, werden Sie es nicht bereuen.

Mit Jasmin wäre eine weitere gute Option, Ihr Haus wird immer duftend und mit guten Schwingungen sein.

Sie sollten frischen Jasmin in Ihrem Haus haben,
wann immer Sie die Möglichkeit dazu haben,
aber das Wichtigste ist, dass er am ersten Tag des
chinesischen Jahres in jeder Ecke Ihres Hauses
steht.

Rituale zum Beginn des chinesischen Neujahrs 2024

Das chinesische Neujahrsfest sollte mit Freude, Musik und einem üppigen Familienessen begrüßt werden. Es ist eine Zeit, in der man feiert und sich auf Glück und Wohlstand für das kommende Jahr konzentriert.

Sie sollten neue Kleidung **tragen**, denn dies symbolisiert einen Neuanfang.

Eine klangvolle Farbe wie Rot, die im Allgemeinen für Harmonie, Glück und Wohlbefinden steht, eignet sich hervorragend für diesen Tag.

Vermeiden Sie es, Weiß oder Schwarz zu tragen, während Sie auf das neue Jahr warten, da dies die Farben sind, die man normalerweise zu Beerdigungen trägt.

Eine Reinigung als Vorbereitung auf das chinesische Neujahrsfest in Form eines Rituals ist sehr nützlich.

Diese Reinigung soll böse Geister abwehren, die sich vielleicht in den Ecken des Hauses verstecken.

Normalerweise tauschen die Menschen Möbel aus oder stellen sie um, bessern die Farbe in ihrer Wohnung aus, reparieren Schäden und waschen die Fenster mit viel Wasser.

Energetische Rituale zur Reinigung

Noch am selben Abend, bevor das neue Jahr beginnt, sollten Sie Ihr Haus putzen, alle Fenster zum Lüften öffnen und weiße und rote Blumen in allen Gemeinschaftsräumen Ihres Hauses aufstellen.

Speziell am Eingang sollten Sie Zimt, Sandelholz, Eukalyptus oder Lavendel räuchern oder Lorbeerblätter verbrennen. Lorbeer ist eine Pflanze, die die Fähigkeit hat, zu schützen, zu reinigen und zu heilen. Eine weitere Möglichkeit, positive Energien in Ihr Haus zu holen, ist die Kombination von Zimt und Lorbeerblättern. Verbrennen Sie Lorbeerblätter und bestreuen Sie sie mit Zimtpulver. Wenn diese Mischung angezündet ist, verteilen Sie den Rauch in den Räumen Ihres Hauses.

Sie müssen das Haus gut räuchern. Sahumar ist die Erzeugung von Rauch, in der Regel mit Hilfe von Weihrauch, um die Umgebung zu aromatisieren und als Instrument der Reinigung und Entschlackung zu nutzen.

Ihre Besonderheit ist, dass sie einen angenehmen Duft verströmen, dem eine entspannende Wirkung nachgesagt wird.

Viele Menschen verwenden Räucherstäbchen, um die energetischen Schwingungen in ihrem Haus zu verändern.

Wenn Sie ein Räucherstäbchen haben, das Sie im Haus verteilen, denken Sie daran, kreisende Bewegungen nach rechts zu machen.

Wenn Sie einen persönlichen Bereich reinigen wollen, sollten Sie mit Ihrem eigenen Körper beginnen, von den Füßen bis zum Kopf, und dann zum Herzen zurückkehren, wobei Sie immer leichte Kreise ziehen.

Da dies das Jahr des Grünen Holzdrachen ist, ist
es ratsam, ein Paar Holzdrachen in Ihrem Haus
zu haben. Wenn Sie diese Möglichkeit nicht
haben, können Sie sie mit Bildern, Porträts oder
Figuren symbolisieren.

Eine weitere Empfehlung für das Jahr 2024 ist es,
einen Teil der Wände Ihres Hauses grün zu
streichen.

Diese Farbe symbolisiert Wohlstand für dieses
Jahr. Übersättigen Sie Ihr Haus nicht mit Grün,
denken Sie daran, das Gleichgewicht zu halten.
Wenn Sie es mit Grün übertreiben, werden Sie
Stress in Ihr Leben ziehen.

Eine Möglichkeit oder Option ist es, es mit Ihnen
zu tragen, als Armband, Anhänger Ohrringe,
Pendel, Schläfer, auf einem Ring,
Schlüsselanhänger oder Talisman in der Tasche
oder Handtasche, wird dies eine Assoziation von
Reichtum, Schutz und viel Glück in Ihrem Leben,
zu Hause oder im Büro zu bilden.

Wenn Sie einige Pflanzen wie Lavendel, Raute
oder die Geldpflanze kaufen können, die die

Fähigkeit haben, Fülle zu erzeugen, zusätzlich zu ihrer Kraft, schlechte Schwingungen zu vertreiben und umzuwandeln, werden Sie es nicht bereuen.

Da Wasser das Element ist, das das Holz ergänzt, wird ein Wasserbrunnen am Eingang Ihres Hauses Wohlstand anziehen. Vergessen Sie nicht, dass das Wasser nach innen fließen sollte.

 Das Aufstellen eines Wasserbrunnens im Wohlstandsbereich Ihres Hauses, auf der linken Seite, auf der Rückseite, von der Eingangstür aus gesehen, wird Ihnen viele materielle Vorteile bringen.

Zusammen mit Grün ist Rot die Glücksfarbe für das Jahr 2024, du solltest sie in deinem Haus verwenden, um die Energien des Glücks zu aktivieren. Sie können Rot auf Ihrer Kleidung tragen, oder mit einem anderen Kleidungsstück wie einem Schal, einer Mütze oder einem Armband, so dass Sie Geld anziehen können.

Das chinesische Neujahrsfest sollte mit Freude, Musik und einem üppigen Familienessen begrüßt werden. Es ist eine Zeit des Feierns, in der man sich auf Glück und Wohlstand für das kommende Jahr konzentriert. **Man sollte** neue Kleidung tragen, denn sie symbolisiert einen Neuanfang.

Eine klangvolle Farbe wie Rot, die im Allgemeinen für Harmonie, Glück und Wohlbefinden steht, eignet sich hervorragend für diesen Tag.

Vermeiden Sie es, Weiß oder Schwarz zu tragen, während Sie auf das neue Jahr warten, da dies die Farben sind, die man normalerweise zu Beerdigungen trägt.

Eine Reinigung als Vorbereitung auf das chinesische Neujahrsfest in Form eines Rituals ist sehr nützlich. Diese Reinigung soll böse Geister abwehren, die sich vielleicht in den Ecken des Hauses verstecken.

Normalerweise tauschen die Menschen Möbel aus oder stellen sie um, bessern die Farbe in ihrer Wohnung aus, reparieren Schäden und waschen die Fenster mit viel Wasser.

Über den Autor

Zusätzlich zu ihrem astrologischen Wissen verfügt Alina Ruby über eine umfangreiche berufliche Ausbildung; sie hat Zertifizierungen in Psychologie, Hypnose, Reiki, bioenergetischer Kristallheilung, Engelsheilung, Traumdeutung und ist spirituelle Lehrerin. Sie verfügt über Kenntnisse in Gemmologie, die sie nutzt, um Steine oder Mineralien zu programmieren und sie in kraftvolle Amulette oder Talismane des Schutzes zu verwandeln.

Rubi hat einen praktischen und ergebnisorientierten Charakter, der es ihr ermöglicht hat, eine besondere und integrative Vision von mehreren Welten zu haben, die Lösungen für spezifische Probleme erleichtert. Alina schreibt die monatlichen Horoskope für die Website der American Assoziation oft Astrologe, die Sie unter www.astrologers.com lesen können. Zurzeit schreibt sie eine wöchentliche Kolumne in der Zeitung El Nuevo Herald über spirituelle

Themen, die jeden Freitag in digitaler Form und montags in gedruckter Form erscheint. Er hat auch ein Programm und ein wöchentliches Horoskop auf dem YouTube-Kanal dieser Zeitung. Ihr Astrologisches Jahrbuch wird jedes Jahr in der Zeitung "Diario las Américas" in der Rubrik Rubi Astrologa veröffentlicht.

Rubi hat mehrere Artikel über Astrologie für die monatliche Publikation "Today's Astrologer" geschrieben und Kurse in Astrologie, Tarot, Handlesen, Kristallheilung und Esoterik gegeben. Er hat ein wöchentliches Video über Astrologie-Themen auf dem YouTube-Kanal des New Herald. Sie hatte ihr eigenes Astrologie Programm, das täglich auf Flamingo T.V. ausgestrahlt wurde, wurde von mehreren Fernseh- und Radiosendungen interviewt und veröffentlicht jedes Jahr ihr "Astrologisches Jahrbuch" mit dem Horoskop nach Sternzeichen und anderen interessanten mystischen Themen.

Sie ist Autorin der Bücher "Reis und Bohnen für die Seele" Teil I, II und III, einer

Zusammenstellung von esoterischen Artikeln, die in englischer und spanischer Sprache veröffentlicht wurden, "Geld für alle Taschen", "Liebe für alle Herzen", "Gesundheit für alle Körper", "Astrologisches Jahrbuch 2021", "Horoskop 2022", "Rituale und Zaubersprüche für den Erfolg im Jahr 2022 - Zaubersprüche und Geheimnisse", "Astrologie-Kurse", "Rituale und Zaubersprüche 2024" und "Chinesisches Horoskop 2024", alle in sieben Sprachen erhältlich.

Sie hat ihren YouTube-Kanal mit Themen zu Psychologie, Esoterik und Astrologie, wo man Videos zu Seelenverwandtschaft, Reinkarnation, Körpersprache, Astralreisen, bösem Blick, Zaubersprüchen und vielen weiteren Themen genießen kann.

Rubi spricht perfekt Englisch und Spanisch und kombiniert alle ihre Talente und Kenntnisse in ihren Lesungen. Sie wohnt derzeit in Miami, Florida.

Weitere Informationen finden Sie auf der Website www.esoterismomagia.com.

Angeline A. Rubi ist die Tochter von Alina Rubi. Seit ihrer Kindheit interessiert sie sich für alle esoterischen Themen und praktiziert Astrologie und Kabbala seit ihrem vierten Lebensjahr. Sie verfügt über Kenntnisse in Tarot, Reiki und Edelsteinkunde. Sie ist nicht nur die Autorin, sondern auch die Herausgeberin aller von ihr und ihrer Mutter veröffentlichten Bücher.

Für weitere Informationen kontaktieren Sie sie bitte per E-Mail: rubiediciones29@gmail.com